P9-CKY-410

CIENCIA FÍSICA

MICROMUNDOS

Secretos de los átomos y las moléculas

Anna Claybourne

Educational Media

rourkeeducationalmedia.com

www.rourkeeducationalmedia.com

PHOTO CREDITS: p. 34: The Art Archive/Corbis; p. 27: A. Barrington Brown/Science Photo Library; p. 37: Jared Cassidy/ istockphoto.com; p. 4: Teyler Derden/istockphoto.com; p. 24: Kenneth Eward/Biografx/ Science Photo Library; p. 40: Chris Fairclough/ CFWImages.com; p. 43: Victor Habbick Visions/Science Photo Library; pp. 10, 26, 35: istockphoto.com; p. 7: Tony Latham Photography/Getty Images; p. 14: Library of Congress; p. 29: Steve Lovegrove/ istockphoto.com; p. 9: Carmen Martinez/ istockphoto.com; p. 15: Prof. Erwin Mueller/Science Photo Library; p. 5: NASA; p. 33: Skip O'Donnell/ istockphoto.com; pp. 21, 31: Ed Parker/EASI-Images/ CFWImages.com; p. 16: David Philips/istockphoto.com; pp. 6, 18: Photodisc; p. 41: Roger Ressmeyer/Getty Images; p. 13: Ron Rocz/CFWImages.com; p. 25: Audrey Roordra/istockphoto.com; p. 32: Kim Sayer/Corbis; p. 38: Paul Vasorhelyi/ istockphoto.com; p. 19: Kirill Zdorov/istockphoto.com.

Cover picture shows an illustration of atoms and molecules [Jose Antonio Nicoli Andonie/istockphoto.com].

Produced for Rourke Publishing by Discovery Books
Editors: Geoff Barker, Amy Bauman, Rebecca Hunter
Designer: Ian Winton
Cover designer: Keith Williams
Illustrator: Stefan Chabluk
Photo researcher: Rachel Tisdale
Editorial/Production services in Spanish
by Cambridge BrickHouse, Inc.
www.cambridgebh.com

Claybourne, Anna.
  Micromundos: Secretos de los átomos y las moléculas / Anna Claybourne.
  ISBN 978-1-63155-092-8 (hard cover - Spanish)
  ISBN 978-1-62717-324-7 (soft cover - Spanish)
  ISBN 978-1-62717-539-5 (e-Book - Spanish)
  ISBN 978-1-60694-996-2 (soft cover - English)
Library of Congress Control Number: 2014941427

Also Available as:

Rourke Educational Media
Printed in the United States of America,
North Mankato, Minnesota

rourkeeducationalmedia.com
customerservice@rourkeeducationalmedia.com • PO Box 643328 Vero Beach, Florida 32964

CONTENIDO

CAPÍTULO UNO

Los átomos y las moléculas

Piensa en un vaso de agua clara y fresca. ¿De qué está hecha el agua? La respuesta es: de **átomos** y **moléculas**. Un simple vaso de agua contiene millones y millones de ellos. Ambos son demasiado pequeños para verlos a simple vista.

No puedes verlos, pero hay millones de átomos y moléculas en este vaso con agua.

¿Qué son los átomos y las moléculas?

Todas las cosas están hechas de estas pequeñas **partículas**. Los átomos son como pequeñas bolas. Las moléculas son grupos de átomos que se unieron. Todas las cosas que nos rodean están compuestas por átomos y moléculas. Incluso los seres vivos, el metal, el plástico, la madera, el aire y el agua están compuestos por átomos y moléculas.

Todas las estrellas, planetas y lunas del espacio están compuestas por átomos y moléculas —y la Tierra también.

Materia

Los científicos tienen un nombre para todo esto. Lo llaman **materia**. Los diferentes tipos de materia son conocidos como **materiales**. Por ejemplo, agua, madera, metal, plástico y piedra, todos son materiales.

¿CUÁNTOS

Se necesita una gran cantidad de átomos y moléculas para hacer materia. Una taza (8 onzas/240 mililitros) de agua contiene unos 9223372036,854775807 billones de billones de átomos (24,000,000,000,000,000,000,000).

El agua de este río puede fluir y hacer remolinos. El metal y el concreto del puente están fijos y firmes.

Así son las cosas

Piensa otra vez en el vaso de agua. ¿Qué puedes hacer con agua? Puedes chapotear, removerla o hacer remolinos. Puedes beberla. Puedes echarla entre tus dedos.

Pero no puedes hacer estas cosas con una cuchara de metal. Con una cuchara de metal es difícil porque mantiene su forma. El metal y el agua están hechos de átomos y moléculas. Pero son completamente diferentes. ¿Cómo puede ser eso?

Diferencias

Hay muchos tipos de átomos. Cuando se unen átomos diferentes, forman distintos tipos de moléculas. Materiales distintos están constituidos por moléculas y átomos diferentes. Esto los hace comportarse de maneras diferentes.

Este libro trata sobre los átomos y las moléculas y cómo conforman el mundo asombroso y cambiante que nos rodea.

Los alimentos están formados por átomos y moléculas. Al igual que los seres vivos, incluyendo a los humanos.

CAPÍTULO DOS

Los átomos

Entonces, si todo está hecho de átomos, ¿qué es un átomo? ¿Qué es y de qué está hecho?

Mira más de cerca

Los átomos son pequeños, pero se componen de partes que son incluso más pequeñas. En su centro tienen un **núcleo**. El núcleo está constituido por protones y neutrones.

Los átomos también poseen otras partes llamadas **electrones.** Los electrones giran alrededor del núcleo rápidamente.

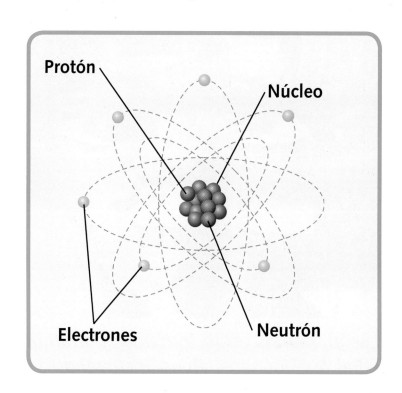

Partes fundamentales de un átomo

Protón

Núcleo

Electrones

Neutrón

Grande y pequeño

Hay muchos tipos diferentes de átomos. Son muy pequeños, pero algunos son más grandes que otros.

Por ejemplo, un átomo de helio es un átomo pequeño. Tiene un núcleo de dos protones y dos neutrones. Tiene dos electrones orbitando alrededor del núcleo. Un átomo de carbono es más grande. Tiene un núcleo compuesto de seis protones y seis neutrones. También tiene seis electrones.

Muchos átomos son incluso más grandes, pero todos tienen la misma forma básica y las mismas partes.

Representaciones simples del helio y del carbono.

El átomo de oxígeno es otro tipo de átomo. Lo podemos encontrar en el aire que respiramos.

Átomo de helio

Átomo de carbono

Números atómicos

Los científicos necesitan denominar a los diferentes tipos de átomos, para saber cuál es cuál. Por esta razón, les asignan números a los átomos. Estos son conocidos como números atómicos. El número atómico depende de cuántos protones tenga un átomo. Por ejemplo, el oxígeno tiene ocho protones. Por eso su número atómico es 8.

Este científico está observando un modelo hecho con distintos tipos de átomos.

Índice de masa

Un átomo también tiene un índice de masa. Este es igual a la suma de protones y neutrones. Un átomo de oxígeno tiene ocho protones y ocho neutrones. Eso hace un total de 16. Así que su índice de masa es 16.

El primer nivel tiene dos electrones. El segundo tiene espacio hasta para ocho electrones, pero el átomo de oxígeno, contiene solo seis.

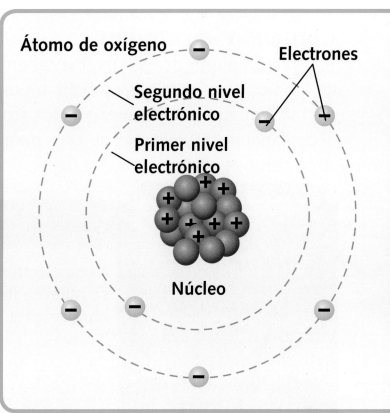

Átomo de oxígeno

Electrones

Segundo nivel electrónico

Primer nivel electrónico

Núcleo

Niveles electrónicos

El número de electrones en un átomo también es importante. Los electrones se mueven en diferentes capas, llamadas niveles electrónicos.

EL primer NIVEL es EL más cercano al núcleo. Tiene capacidad para un máximo de dos electrones. El segundo nivel puede albergar a un máximo de ocho electrones. Pueden existir más niveles también. Un átomo tiene muchos niveles para mantener todos sus electrones.

¿Cuán pequeños son los átomos?

Es difícil imaginar cuán pequeños son los átomos. Un átomo promedio mide unas 250 millonésimas de pulgada (0.000000004 pulgadas). Es igual a tener un diámetro de una diez millonésima de milímetro (0.0000001 mm).

Contando los átomos

En un punto de esta página caben más de 20 millones de átomos. La propia página tiene un espesor de más de 1 millón átomos. Si alineamos los átomos en una fila, necesitaríamos 50 millones de ellos para hacer una línea tan larga como la uña del dedo meñique.

ESPACIO VACÍO

La mayor parte de la materia de un átomo está en su núcleo. El núcleo ocupa una pequeña parte del átomo. El resto es el espacio que rodea el núcleo, donde giran los electrones. Así que un átomo en su mayor parte es espacio vacío. Eso significa que todas las cosas que nos rodean y nuestros propios cuerpos están también formados en su mayor parte por espacio vacío.

Nube electrónica donde se mueven los electrones rápidamente.

Núcleo

Las láminas de oro están entre los materiales más finos que se pueden encontrar. Solo tienen un espesor de 300 átomos. Aquí aparecen cubriendo los techos abovedados de estas bellas torres en Moscú, Rusia.

La historia de los átomos

Los átomos son demasiado pequeños para poder verlos a simple vista. Entonces, ¿cómo sabemos que están ahí?

Los científicos griegos de la antigüedad se preguntaban de qué estaban hechas las cosas. Algunos dijeron que todo estaba hecho de aire o agua. Pero un científico, Demócrito, dijo que todo estaba hecho de partículas diminutas. Las partículas no cambiaban, y no podían romperse y les dio el nombre de átomos. La palabra átomo en griego significa "cosa que no puede ser dividida en dos".

John Dalton

El científico John Dalton vivió desde 1766 a 1844. Él descubrió muchas más cosas acerca de los átomos. Dalton pensó que diversos materiales deben estar compuestos por

diferentes tipos de átomos. Y que átomos diferentes debían estar formados por un número distinto de partículas. Dalton es a menudo llamado "el padre de la química". La química estudia la composición de los materiales y cómo reaccionan entre sí.

◄*Retrato de Dalton*

DEMÓCRITO

Demócrito vivió en Grecia antigua desde aproximadamente 460 a 370 a. C. Era un filósofo. Un filósofo es alguien que piensa sobre el mundo y trata de entenderlo. Él estudió muchas cosas además de los átomos. También estudió a los animales, las plantas, el tiempo y las estrellas.

Bajo el microscopio

Hoy en día, tenemos microscopios muy potentes. Con ellos, podemos realmente ver los átomos. Y lo que vemos prueba que tanto Demócrito como Dalton tenían razón.

Los pequeños puntos en esta imagen muestran dónde están, o han estado, los átomos de iridio. Se observan bajo un microscopio especial.

CAPÍTULO TRES

Elementos asombrosos

Un elemento es un material que contiene un solo tipo de átomo. En total existen cerca de 100 diferentes tipos de átomos naturales. Así que hay alrededor de cien **elementos**.

Piensa en un elemento

Muchos de los materiales que conoces son elementos. Por ejemplo, la plata es un elemento. Está hecho de átomos de plata. Utilizamos plata para hacer joyas, platería y otras cosas.

Un par de anillos de plata

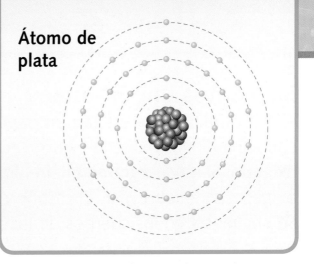

Átomo de plata

Un átomo de plata tiene cuarenta y siete protones, sesenta y un neutrones y cuarenta y siete electrones.

Mira la lista de elementos ¿cuántos has oído mencionar?

Los elementos

Esta lista muestra noventa y dos elementos que se encuentran en forma natural en la Tierra.

Elementos en la Tierra

Actinio	Estaño	Magnesio	Rodio
Aluminio	Europio	Manganeso	Rubidio
Antimonio	Flúor	Mercurio	Rutenio
Argón	Fósforo	Molibdeno	Samario
Arsénico	Francio	Neodimio	Escandio
Astato	Gadolinio	Neón	Selenio
Azufre	Galio	Níquel	Silicio
Bario	Germanio	Niobio	Sodio
Berilio	Oro	Nitrógeno	Estroncio
Bismuto	Hafnio	Osmio	Tantalio
Boro	Helio	Oxígeno	Tecnecio
Bromo	Hierro	Paladio	Telurio
Cadmio	Holmio	Plata	Terbio
Cesio	Hidrógeno	Platino	Talio
Calcio	Indio	Polonio	Thorio
Carbono	Iodo	Potasio	Tulio
Cerio	Iridio	Plomo	Titanio
Cloro	Iterbio	Praseodimio	Tungsteno
Cromo	Itrio	Prometio	Uranio
Cobalto	Kriptón	Protactinio	Vanadio
Cobre	Lantano	Radio	Xenón
Disprosio	Litio	Radón	Zinc
Erbio	Lutecio	Renio	Zirconio

Elementos importantes

Los elementos juegan un papel importante en nuestra vida cotidiana. El gas oxígeno es un elemento, hecho de átomos de oxígeno. Se encuentra en el aire. Los animales deben respirar oxígeno para sobrevivir. El carbón es otro elemento importante. Se encuentra en los cuerpos de los seres vivos.

Hasta los peces respiran oxígeno. Lo absorben del agua con sus agallas.

Algunos elementos son raros. Esto significa que son difíciles de encontrar. Debido a esto, cuestan mucho dinero. Entre ellos tenemos el oro y el platino. Hace tiempo el oro se usó para hacer monedas.

Las computadoras usan chips como este para poder funcionar. Los chips están hechos de silicio, que es un elemento químico.

Símbolos químicos

Los científicos asignan un símbolo a cada elemento conocido. El signo químico funciona como un símbolo para cada átomo. Está formado por una o dos letras. Así podemos escribir el nombre de los elementos de una manera sencilla y rápida.

Aquí vemos algunos símbolos:
Oxígeno—O
Carbono—C
Silicio—Si
Plata—Ag
Oro—Au

NOMBRE DE LOS ELEMENTOS

Los elementos obtienen sus nombres de muchas maneras.

En el Sol hay Helio, por eso su nombre proviene de la palabra griega para "Sol": helios.

El oro es un metal amarillo. Su nombre proviene de una vieja palabra, Latina "aurum"

El xenón es un elemento inusual. Su nombre proviene de una palabra griega, xenos, que significa "extraño".

CAPÍTULO CUATRO

Formar las moléculas

Los átomos se unen para formar moléculas. Los materiales están formados de moléculas.

Todo igual

En un elemento, los mismos tipos de átomos se unen para formar moléculas. El oxígeno es un elemento. Una molécula de oxígeno está compuesta por dos átomos de oxígeno que se unen entre sí.

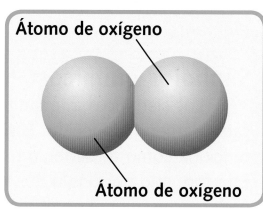

Átomo de oxígeno

Átomo de oxígeno

Molécula de oxígeno

¿De qué está hecha el agua?

El gua está compuesta de dos tipos diferentes de átomos —oxígeno e hidrógeno. Cada molécula de agua tiene tres átomos. Hay dos átomos de hidrógeno y un átomo de oxígeno.

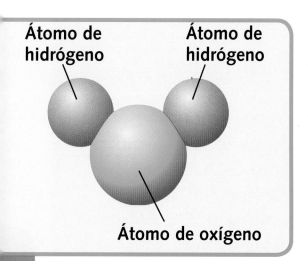

Átomo de hidrógeno

Átomo de hidrógeno

Átomo de oxígeno

◀ *Molécula de agua*

El agua es como es, debido al patrón de los átomos en su molécula. El patrón permanece siempre igual.

Patrones en las moléculas

Hay muchos tipos de moléculas. Cada tipo tiene su propio número de átomos y su patrón de los átomos. Las moléculas de un mismo tipo son todas iguales.

Por ejemplo, las moléculas de agua son todas iguales. Todas tienen dos átomos de hidrógeno y un átomo de oxígeno. Los átomos se deben unir de una sola manera para poder formar una molécula de agua.

Mostrando las moléculas

Como los átomos, las moléculas son muy pequeñas para verlas a simple vista. Pero podemos dibujar diagamas y hacer modelos de ellas. Esto nos ayuda a comprender cómo están dispuestos y enlazados los átomos.

Dibujos de moléculas

En la superficie plana de la pantalla de una computadora, las moléculas se muestran como diagramas. A veces, los diagramas muestran átomos enlazados. Parecen pelotas pegadas unas a las otras.

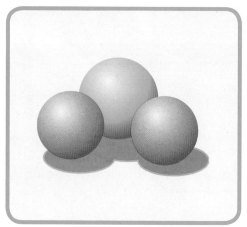

El diagrama muestra a los átomos como pelotas. Es el diagrama de una molécula de agua.

Otros modelos representan las moléculas como átomos unidos entre sí por varillas.

Modelos 3-D

Los científicos también construyen modelos de moléculas. Ellos usan pelotas y varillas reales. Las pelotas son los átomos. Las varillas los unen para formar moléculas.

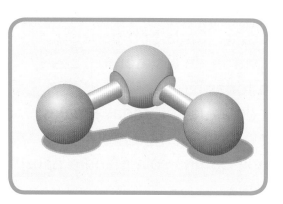

◀Esto es un diagrama de pelotas y varillas de una molécula de agua (H_2O).

MOLÉCULAS EN CÓDIGO

Como ya sabes, cada átomo tiene su propio nombre o símbolo. Por ejemplo, el símbolo del oxígeno es O.

Los científicos también pueden utilizar símbolos, o las fórmulas, para nombrar las moléculas. Por ejemplo, el agua está compuesta por dos átomos de hidrógeno y un átomo de oxígeno. La fórmula química de esta molécula se ve así:

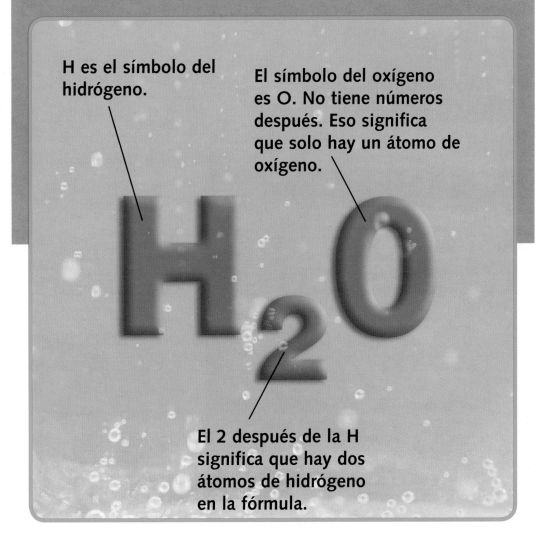

H es el símbolo del hidrógeno.

El símbolo del oxígeno es O. No tiene números después. Eso significa que solo hay un átomo de oxígeno.

El 2 después de la H significa que hay dos átomos de hidrógeno en la fórmula.

Millones de moléculas

Como sabes, hay alrededor de cien tipos de átomos. Este número ha cambiado a medida que los científicos han descubierto nuevos elementos.

Los elementos se pueden organizar en muchos tipos de patrones. Cada patrón diferente forma una molécula diferente. De hecho, hay millones de tipos de moléculas.

Mini moléculas

Hemos visto que las moléculas pueden ser de distintos tamaños. Algunas moléculas son pequeñas. Una molécula de agua (H_2O) tiene tres átomos. Una molécula de oxígeno (O_2) tiene solo dos.

Mega moléculas

Otras moléculas son mucho mayores. Pueden tener decenas o cientos de átomos. Por ejemplo, los átomos de

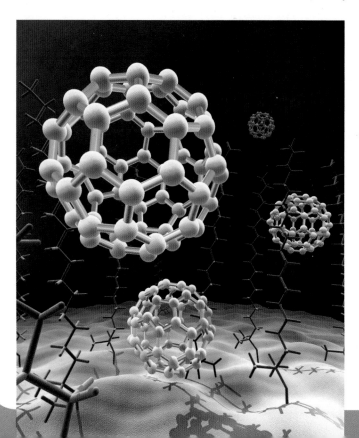

carbono pueden formar moléculas grandes. Estas moléculas son llamadas fulerenos. Cada fulereno contiene 60 átomos de carbono. Ellos se enlazan formando una esfera. Lo que se parece a una pelota.

◀*Un "fulereno" de carbono*

Los plásticos, tales como los que se usan para hacer capas impermeables y botas, contienen moléculas de polímeros.

Moléculas cadena

Algunas moléculas son como cadenas. Pueden agregarse más y más átomos formando un patrón que se repite una y otra vez. Estas moléculas "cadenas" se llaman **polímeros**. Los plásticos están constituidos por moléculas poliméricas. Los plásticos, tales como los que se usan para hacer abrigos impermeables y botas, contienen moléculas poliméricas.

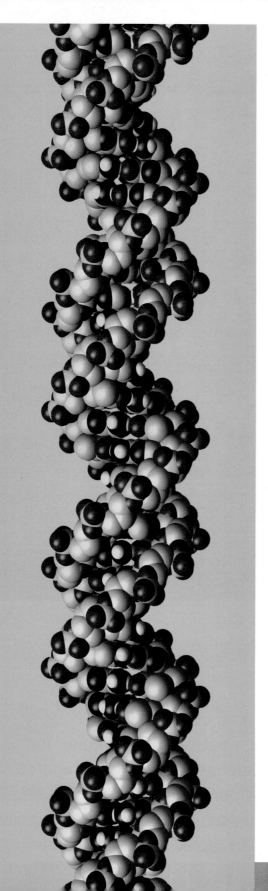

Moléculas extraordinarias

Las moléculas están en todas partes y todo el tiempo a nuestro alrededor.

La mayoría de las moléculas componen materiales, pero otras hacen trabajos increíblemente útiles.

ADN

ADN es el acrónimo de "ácido desoxirribonucleico". Esta es una molécula muy importante que se encuentra dentro de los seres vivos. Es una molécula en cadena, o polímero. Los átomos están organizados formando patrones a lo largo de la cadena de ADN. Estos patrones hacen el papel de instrucciones para los seres vivos. Les dicen cómo vivir y crecer.

◄*Diagrama de una parte de una molécula de ADN*

Moléculas medicinales

Muchas medicinas funcionan por la forma de sus moléculas. Por ejemplo, la aspirina es un **analgésico**. Las moléculas de aspirina pueden unirse a un **compuesto químico** del cuerpo que causa señales de dolor. Pueden acoplarse porque sus formas encajan. Esto bloquea la señal y el dolor cesa.

WATSON Y CRICK

En 1953, los científicos James Watson y Francis Crick hicieron un gran descubrimiento. Descubrieron la forma del ADN. Usaron pelotas y varillas para construir el modelo de la molécula de ADN.

Tubos de carbono

Aparte de los fulerenos, los átomos de carbono también pueden formar nanotubos. Estas moléculas parecen tubos largos. Son ligeras, flexibles e increíblemente resistentes. Son unas cien veces más resistentes que el acero.

CAPÍTULO CINCO

Enlace y reacción

Los átomos se unen para formar moléculas. Esta unión se llama **enlace**. Pero ¿cómo se enlazan los átomos? ¿Y por qué?

Contando electrones

Un átomo tiene electrones moviéndose en su interior. Los electrones se encuentran en capas o niveles (ver página 11).

A los átomos les gusta tener su capa exterior llena de electrones. Por ejemplo, un átomo de oxígeno tiene seis electrones en su capa exterior, pero esa capa puede contener ocho. Por tanto, el átomo de oxígeno intentará encontrar dos electrones más para llenar la capa.

Átomo de oxígeno

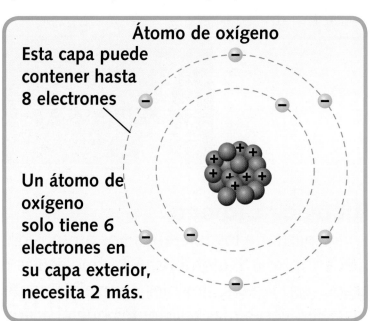

Átomo de oxígeno

Esta capa puede contener hasta 8 electrones

Un átomo de oxígeno solo tiene 6 electrones en su capa exterior, necesita 2 más.

SOLTERONES

Algunos átomos ya tienen la capa externa completa. Se dice que son **estables**. No necesitan unirse con otros átomos. El oro es un ejemplo. Casi nunca forma moléculas. Los átomos de oro a menudo permanecen solos.

El oro se encuentra como pepitas de oro puro en la tierra. Esto se debe a que el oro es estable. No se une con otros átomos para formar sustancias nuevas.

¡A juntarse!

A veces, los átomos se enlazan para compartir electrones. Luego, mientras estén juntos, tienen los electrones que necesitan. Esto se denomina enlace covalente.

Otro tipo de enlace es el enlace iónico. Esto sucede cuando un átomo da electrones a otro átomo.

Enlace covalente

En el enlace covalente, los átomos se unen para compartir sus electrones. Las moléculas de agua están formadas de esta manera. Esto es lo que pasa:

Un átomo de oxígeno necesita dos electrones adicionales para completar su capa externa. Un átomo de hidrógeno necesita un electrón adicional para llenar su capa externa. Por lo que un átomo de oxígeno se une con dos átomos de hidrógeno. Esto aporta al oxígeno los electrones adicionales que necesita. Y también da a los átomos de hidrógeno los que necesita. Ellos comparten los electrones del oxígeno para obtener un electrón adicional cada uno.

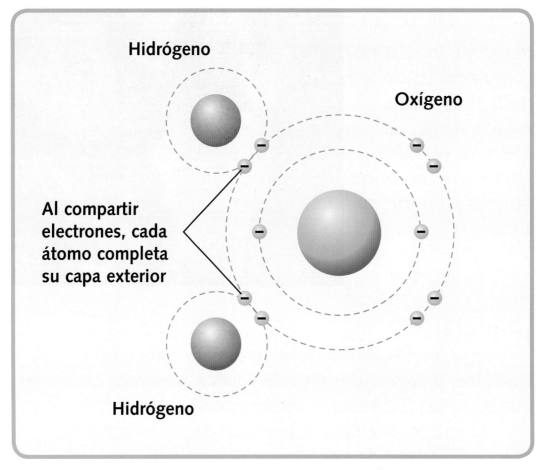

▲ *Molécula de agua*

La sal común (cloruro de sodio), que usamos en la comida, es una sustancia que podemos encontrar en el agua salada.

Enlace iónico

En el enlace iónico, un átomo da electrones a otro átomo que los necesita.

Las moléculas de sal (cloruro sódico) están formadas de esta manera. Un átomo de sodio tiene un electrón libre. Un átomo de cloro necesita uno. En la sal, los átomos de sodio dan sus electrones de los átomos de cloro. Esto cambia los átomos. Los hace atraerse uno al otro. Se pegan como imanes, formando una molécula.

La cúpula del planetario de Londres está hecha de cobre. El cobre reacciona con el oxígeno del aire y forma una molécula llamada óxido de cobre. El óxido de cobre formado cubre al cobre con una capa verde.

Reacciones químicas

Los átomos y las moléculas no se quedan en los mismos patrones para siempre. Pueden moverse, cambiar de lugar y formar moléculas nuevas. Cuando esto sucede, ocurre una **reacción química**.

La palabra química significa "una sustancia compuesta de átomos o moléculas". Las sustancias químicas reaccionan a menudo cuando se ponen en contacto. Por ejemplo, si pones sodio y cloro juntos, reaccionan. Forman las moléculas de cloruro de sodio.

Algunos átomos son muy inestables. Se dice que son reactivos. Reaccionan fácilmente y rápidamente. Por eso normalmente se encuentran formando parte de moléculas. El sodio y el flúor son muy reactivos. Por ejemplo, si pones flúor en agua, explota.

Reacciones en todas partes

Las reacciones químicas ocurren a nuestro alrededor todo el tiempo. Ocurren dentro de nuestro cuerpo cuando digerimos la comida. Ocurren en la cocina cuando mezclamos los ingredientes. Una reacción química ocurre cuando las cosas se queman. Cuando el hierro entra en contacto con el aire y el agua, provoca una reacción química. Los átomos forman una molécula nueva, el óxido de hierro. Lo llamamos herrumbre.

Los ingredientes que pones en un pastel reaccionan entre sí cuando los mezclas y los cocinas.

CAPÍTULO SEIS

Materia y materiales

Materia es todo lo que nos rodea que está hecho de átomos y moléculas. Hay millones y millones de diferentes tipos de materia. La conocemos por el nombre de materiales.

Usando los materiales

Desde que el hombre existe, hemos estado utilizando materiales para hacer nuestra vida más fácil. Los primeros hombres fabricaron máquinas y herramientas de piedra. Esta fue la Edad de Piedra. Después vinieron la Edad del Bronce y del Hierro, que fue cuando los seres humanos aprendieron a utilizar los metales. Recientemente, hemos aprendido a hacer nuevos materiales, como los plásticos.

Estas puntas de hacha y de flecha se tallaron hace unos 9,000 años, en la Edad de Piedra.

▲ *Materiales modernos se usan para hacer implementos deportivos como el casco y el snowboard.*

Palabras para los materiales

Se utilizan varias palabras para describir la materia y los materiales. Esto es lo que significan:

Materia: todo está hecho de ella

Material: cualquier tipo de materia.

Elemento: un material que tiene un solo tipo de átomo, como oro o plata.

Compuesto: una sustancia compuesta de moléculas, cada una de ellas se compone de dos o más tipos diferentes de átomos. La sal común (cloruro de sodio) es un compuesto.

Mezcla: un material compuesto de diferentes sustancias mezcladas. El aire es una mezcla de oxígeno, nitrógeno y otros gases.

Propiedades de los materiales

Diferentes materiales tienen diferentes características y formas de comportarse. A esto se le llama **propiedades**. Por ejemplo, el acero es duro. La lana es suave.

Otras propiedades son la resistencia y la elasticidad o flexibilidad de un material. ¿De qué color es? ¿Es transparente? ¿Flota? ¿Arde fácilmente? ¿Se siente caliente o frío al tacto? ¿**Conduce** la electricidad?

El material correcto

Las propiedades deciden cómo se utiliza un material. Por ejemplo, un destornillador tiene que ser fuerte y duro, así que tiene una punta de acero. Pero el mango debe ser fácil de agarrar. Así que se hace de plástico, madera o caucho. El hormigón es pesado y fuerte. Funciona bien para la construcción de casas, pero sería inútil para la fabricación de pantalones. ¿Sabes de otras cosas que funcionan mejor cuando están hechas de materiales particulares? ¿De qué materiales se pudiera hacer una taza de café? ¿Qué materiales no servirían para hacer una buena taza, y por qué? Aquí está una lista de materiales a considerar: madera, corcho, algodón, tela, chocolate, porcelana, acero, plástico, esponja, piedra.

SÓLIDOS, LÍQUIDOS Y GASES

Muchos materiales pueden ser sólidos, líquidos o gases, dependiendo de la temperatura. Por ejemplo, el agua es a menudo un líquido. Pero por debajo de 32 °F (0 °C), se congela y es sólida. Se convierte en hielo. Por encima de 212 °F (100 °C), el agua hierve. Se convierte en un gas invisible. Sólido, líquido y gas se llaman los tres estados de la materia.

Los anteojos de natación están hechos de materiales que los ayudan a hacer su trabajo. Los lentes de plástico transparente permiten ver a través de ellos. Los bordes de goma flexible y la correa se agarran estrechamente a la cabeza.

Inventar materiales

En la actualidad, los científicos pueden hacer materiales que nunca existieron antes. Los primeros plásticos, hechos de plantas o aceite, fueron inventados en el siglo XIX. Inventos más recientes incluyen el revestimiento antiadherente, Teflon, para las cazuelas y tejidos elásticos como la Lycra. El Kevlar es un material súper resistente. Se utiliza para hacer chalecos antibalas y artículos que se usan en las misiones espaciales.

Un chaleco antibalas hecho de Kevlar puede parar una bala en solo dos pulgadas de espesor.

PODER ATÓMICO

Si un átomo se rompe, libera energía. Esto se denomina fisión nuclear. La energía nuclear proviene de la fisión nuclear. Por desgracia, este invento ha traído problemas, pues crea residuos peligrosos. También puede ser utilizado para fabricar armas nucleares muy potentes.

En la fisión nuclear, un átomo se rompe. Esto libera energía y partículas. Algunas de las partículas rompen otros átomos.

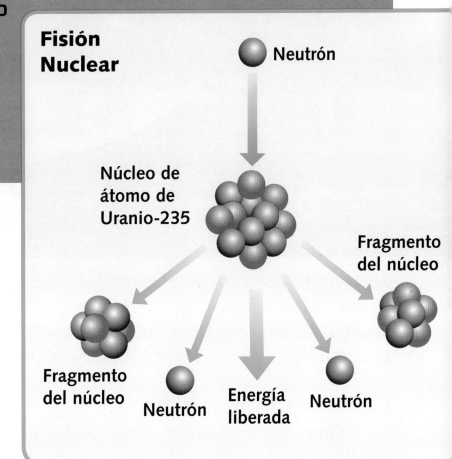

Fisión Nuclear

Neutrón

Núcleo de átomo de Uranio-235

Fragmento del núcleo

Fragmento del núcleo

Neutrón

Energía liberada

Neutrón

Materiales para producir energía

Utilizamos materiales para hacer cosas. También los convertimos en **energía** útil. Por ejemplo, quemamos madera para obtener calor. Los combustibles hechos de petróleo hacen funcionar autos y aviones. Las centrales eléctricas queman carbón, petróleo o gas para producir electricidad.

Sacamos muchos materiales de la tierra. Aquí, una cinta transportadora lleva una arcilla especial llamada bauxita desde una mina en Australia hasta una fundición cercana. El aluminio se extrae de la arcilla caliente.

Despilfarrar materiales

Obtenemos materiales como piedra, aceite, madera, metal y piedras preciosas de la naturaleza. Pero la Tierra no tiene una fuente inagotable de estos materiales. Algunos de ellos se están acabando.

La recolección de materiales puede dañar el planeta. Por ejemplo, podemos excavar bajo el lecho marino en busca de petróleo. Esto rompe el lecho marino, y puede matar a las criaturas del mar. La tala de árboles para obtener madera destruye hábitats de bosques donde habitan animales.

Hacer moléculas

Muchas moléculas pueden ser sintetizadas. Esto significa que los científicos pueden hacerlas en el laboratorio. Por ejemplo, la aspirina (ver pág. 26) fue descubierta en la corteza de un árbol, pero ya no la obtenemos de los árboles. En su lugar, la aspirina se sintetiza.

CIENCIA ATÓMICA

Los químicos y físicos son científicos que estudian la materia. Ellos intentan averiguar cómo funcionan los átomos y las moléculas, cómo se unen y cómo se comportan. Esto ayuda a los científicos a inventar y producir materiales. También nos ayuda a comprender el universo y la procedencia de la materia.

Una científica prepara jarras con distintas sustancias para un experimento.

CAPÍTULO SIETE

Hacia el futuro

La ciencia que estudia la materia es ahora más importante. Los nuevos materiales ayudarán a los científicos a crear sorprendentes y nuevas tecnologías. También podremos descubrir mucho más sobre cómo funciona la materia.

FUSIÓN FUTURA

La fusión nuclear es una forma de crear átomos para liberar energía. Es más seguro que la fisión nuclear (ver página 39). La fusión es la que provee de energía al Sol y lo hace emitir luz y calor.

Los científicos están tratando de encontrar la manera de que la fusión nuclear funcione en la Tierra. Podríamos obtener energía de ella.

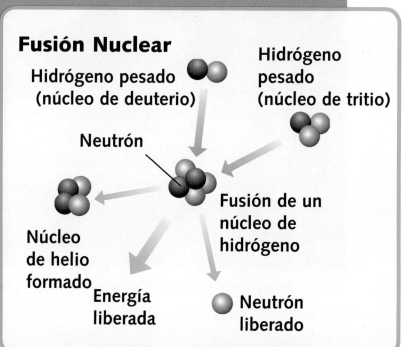

Fusión Nuclear

Hidrógeno pesado
(núcleo de deuterio)

Hidrógeno pesado
(núcleo de tritio)

Neutrón

Fusión de un núcleo de hidrógeno

Núcleo de helio formado

Energía liberada

Neutrón liberado

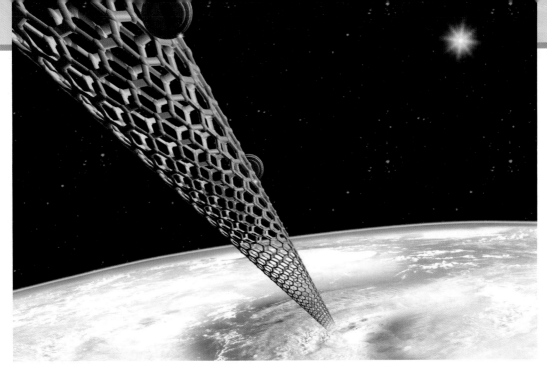

El elevador espacial pudiera verse así.

El carbono va a la vanguardia

Los fulerenos de carbono y los nanotubos (ver página 27) se pueden usar en la nanotecnología —para construir máquinas pequeñas. Estas máquinas podrían usarse para hacer reparaciones dentro del cuerpo o limpiar la contaminación. Otra idea planeada es un ascensor espacial. Vincularía la superficie de la Tierra a un satélite en órbita. Los astronautas y suministros podrían viajar hacia arriba hasta el espacio. Durante mucho tiempo, se pensó que esto era una idea imposible. Pero los nanotubos de carbono son tan fuertes y ligeros que podrían ser utilizados para construirlo.

Misterios de la materia

Los científicos aún no saben realmente lo que es la materia. Sabemos de la existencia de los átomos y las partículas de que están hechos. Pero, ¿qué son? Los científicos están trabajando para resolver estos enigmas. Cuando lo logren, será posible encontrar nuevas formas de convertir materia en energía. Tal vez entonces seremos capaces de escapar de la gravedad.

Glosario

ADN (ácido desoxirribonucleico) — una molécula encontrada en los seres vivos. Almacena las instrucciones que indican cómo vivir y crecer.

analgésico — medicina que alivia el dolor, como la aspirina

átomos — pequeñas partículas que componen los materiales

compuesto — una sustancia compuesta formadas por dos o más tipos diferentes de átomos

conduce — permitir que la electricidad fluya

electricidad — forma de energía que puede fluir por cables

electrón — pequeña partícula que gira alrededor del núcleo del átomo

elemento — sustancia hecha de un solo tipo de átomo

energía — habilidad de realizar trabajo

enlace — cuando los átomos se unen para hacer una molécula

estable — un átomo estable es aquel que no reacciona fácilmente con otros átomos o sustancias

estados de la materia — tres estados más comunes de la materia: sólido, líquido y gas

fisión nuclear — destruir un átomo para producir energía

fórmula química —un código utilizado para representar a un átomo o molécula

fusión nuclear — unir átomos para producir energía

gas — estado de la materia en que las partículas están lejos unas de las otras y que no tiene forma definida

gravedad — fuerza que atrae a una sustancia hacia otra

líquido — estado de la materia en que las moléculas fluyen libremente o pueden ser vertidas

material — cualquier tipo de materia

materia — sustancia de que está hecho todo, formada por moléculas y átomos.

mezcla — material hecho de dos materiales mezclados

molécula — grupo de átomos unidos

nanotecnología — área de la tecnología para hacer máquinas o herramientas muy pequeñas

núcleo — centro del átomo, contienen protones y neutrones

partícula — parte muy pequeña

polímero — tipo de molécula en forma de cadena que se repite. Un polímero se hace más grande si se le añaden otros átomos.

propiedades — cualidades de la materia como la resistencia y la dureza

reacción química — cuando los átomos se mueven y se reorganizan ellos mismos para formar nuevas moléculas

reactivo — átomos que reaccionan fácilmente con otros

sólido — estado de la materia en que las moléculas están unidas firmemente unas con otras, lo que le da a las sustancias una forma concreta

sustancia química — una sustancia compuesta de átomos o moléculas

Más información

Libros

Atoms and Molecules. Louise and Richard Spilsbury.
   Heinemann, 2007.

Looking at Atoms and Molecules. Library of Physical
   Science (series). Suzanne Slade. Rosen Publishing Group's
   PowerKids Press, 2007.

Touch It!: Materials, Matter and You. Primary Physical
   Science (series). Adrienne Mason. Kids Can Press, 2005.

What Are Atoms? Lisa Trumbauer. Children's Press, 2005.

Sitios de la internet

www.miamisci.org/af/sln/phantom/papercutting.html
The Atoms Family.
This site has papercutting activity to show how small an atom is.

www.bbc.co.uk/schools/ks2bitesize/science/materials.shtml
BBC schools.
This website explores the different properties of materials. It contains interactive activities.

www.nyscience.org/marvelousmolecules/marveloussub.html
New York Hall of Science.
This site shows you lots of marvelous molecules.

www.abpischools.org.uk/resources/solids-liquids-gases/index.asp
Solids, Liquids, and Gases.
Animations show why different materials have different properties.

www.strangematterexhibit.com/
Strange Matter.
Discover the secrets of everyday stuff. This site has plenty of fun activities to try.

Índice